RECUERDA, CUERPO

C. P. CAVAFIS (1863–1933) es considerado el poeta griego más célebre del siglo XX. Nació en Alejandría y creció en el seno de una extensa familia burguesa, propietaria de una empresa dedicada a la elaboración de algodón con sucursales en Liverpool y Londres. Cuando Cavafis tenía siete años, su padre falleció y la familia emigró a Gran Bretaña, donde inició su aventura literaria y se interesó por grandes autores como Shakespeare y Oscar Wilde. La quiebra del negocio familiar le llevó de regreso a Alejandría, ciudad que tuvo que abandonar durante unos años a causa del conflicto entre Egipto y Gran Bretaña. Cavafis nunca publicó en vida y solo distribuía sus versos entre un círculo reducido de amigos. Esta selección es representativa de una vocación a la que se entregó desde muy joven con rigor y exigencia, una obra breve y minuciosa que despertó la admiración de grandes poetas de la talla de T. S. Eliot o Jaime Gil de Biedma. El amor homosexual –a veces solo implícito pero cargado de sensualidad y erotismo– marca sus versos, así como la evocación de la antigüedad clásica.

RECUERDA, CUERPO

C. P. CAVAFIS

Traducción de Anna Pothitou y Rafael Herrera
Selección de Claudio López de Lamadrid

POESÍA
PORTÁTIL

DESEOS

Como cuerpos hermosos de muertos sin vejez
encerrados, con lágrimas, en bellos mausoleos,
rosas a la cabeza, jazmines a sus pies —
así parece ser que se pasaron los deseos,
sin ser cumplidos nunca, sin apenas merecer
una noche de goce, ni su claro amanecer.

VOCES

Voces amadas e ideales
de los que ya murieron, o están para nosotros
perdidos como muertos.

Algunas veces nos hablan entre sueños,
algunas veces al pensar las oye la conciencia.

Y a su sonido, vuelven un instante
ecos de la primera poesía de la vida—
cual música, de noche, lejana, que se pierde.

VELAS

Los días del futuro están ante nosotros
como una fila de velitas encendidas—
doradas velas, cándidas, vivaces.

Los días del pasado a nuestra espalda,
en triste línea de velas apagadas;
las más cercanas todavía humean,
velas vencidas, frías, derretidas.

No quiero contemplarlas: su forma me entristece,
y me entristece recordar su luz primera.
Miro mis velas alumbradas ante mí.

No quiero dar la vuelta, por no ver, temblando,
qué rápido la línea oscura va creciendo,
qué rápido las velas apagadas proliferan.

TERMÓPILAS

Honor a todos esos que en su vida
Termópilas marcaron y las guardan,
sin desviarse nunca del deber;
justos y firmes siempre en sus acciones,
pero también piadosos, compasivos;
generosos cuando ricos, y también,
si pobres, en lo poco generosos,
auxilio deparando en lo posible:
diciendo en todo tiempo la verdad,
pero sin odio aun contra los falsos.

Y todavía más honor les cabe
cuando prevén (y hay muchos que lo hacen)
que Efialtes se presentará al final
y que por fin van a pasar los Medos.

CHE FECE… IL GRAN RIFIUTO

Les llega a algunos hombres cierto día
en el que deben pronunciar el gran Sí o el gran No.
Y al punto queda manifiesto quién el Sí tenía
guardado en su interior, y cuando lo

pronuncia sigue el rumbo de su credo y de su honor.
Quien dice no, no se arrepiente. Y otra vez dijera
no si le preguntaran otra vez. Pero el dolor
de aquel no —el justo— le ha de atormentar su vida entera.

LAS ALMAS DE LOS VIEJOS

En sus antiguos cuerpos estropeados
están las almas de los viejos asentadas.
Qué lamentables son las desgraciadas,
cómo se aburren de la triste vida que les hiere.
Cómo temen perderla y cómo la quieren,
contradictorias y desconcertadas
–cómico-trágicas– las almas asentadas
en sus antiguos pellejos desgastados.

LAS VENTANAS

Por estas cámaras oscuras, donde lento
transcurre el día, por doquier intento
encontrar las ventanas. Y en verdad hallar
y abrir una ventana me consolaría.
Mas las ventanas no aparecen, o no soy capaz
de hallarlas, y tal vez mejor que no lo haga jamás.
Tal vez la luz sea una nueva tiranía.
Quién sabe qué novedades va a mostrar.

LOS PASOS

En una cama de ébano, adornada
de águilas de coral, duerme profundamente
Nerón —feliz, tranquilo e inconsciente;
radiante por el brío de la carne,
por el vigor hermoso de la juventud.

Pero en la sala de alabastro donde está guardado
el viejo Lar de los Enobarbos,
qué intranquilos sus Lares se revuelven.
Tiemblan los dioses del hogar
e intentan ocultar sus cuerpos insignificantes.
Porque un clamor horrible han escuchado,
clamor mortal que sube la escalera,
pasos de hierro que hacen resonar los escalones.
Desfallecidos ya los desdichados Lares
se ocultan en el fondo del larario,
atropellándose, empujándose entre sí,
y cae un dios pequeño sobre el otro
porque ya han comprendido qué clamor es este,
porque han sentido ya los pasos de las Furias.

MONOTONÍA

A un día monótono, después
le sigue otro monótono, inmutable. Pasarán
las mismas cosas, que suceden otra vez.
Momentos similares nos encuentran y se van.

Un nuevo mes trae el mes que ha transcurrido.
Se puede fácilmente adivinar qué nos espera:
igual que ayer será, lo mismo de aburrido.
Y así el mañana es como si mañana ya no fuera.

LA CIUDAD

Dijiste: «Marcharé a otra tierra, marcharé a otro mar.
Habrá de hallarse en algún sitio una ciudad mejor.
Mas cada intento mío está condenado al error;
sepulto —como muerto— el corazón.
Y cuánto va a durar mi mente en esta confusión.
Dondequiera que mire, que vuelva mis ojos,
solo veo aquí de mi vida los despojos,
y tantos años que pasé y perdí en este lugar».

Lugares nuevos no hallarás, no hallarás otros mares.
La ciudad irá tras de ti. En sus calles pasearás,
las mismas, y en los mismos barrios envejecerás,
se te verá en estas casas acabarte.
Y siempre llegarás a esta ciudad. Para otra parte
—no esperes— no hay barco ya, ni senda para ti.
Lo mismo que tu vida la perdiste aquí,
en esta esquina, la perdiste en todos los lugares.

IDUS DE MARZO

Oh alma, has de temer lo fastuoso,
y debes dominar tus propias ambiciones,
y, si no puedes, con reservas y recelo
las deberás seguir. Y cuanto más destaques,
más celo y atención has de poner.

Y cuando, César ya, alcances tu apogeo,
cuando tomes la forma de un hombre renombrado,
entonces, sobre todo, ten cuidado cuando salgas,
todo un caudillo rodeado por su escolta;
si por casualidad se acerca de entre el vulgo
un tal Artemidoro, que trae una carta,
y dice apresurado «Lee urgente esto,
son cosas importantes que han de interesarte»,
no dejes de pararte, ni de atrasar cualquier
empeño o entrevista. No dejes de apartar
a los que te saludan y te hacen reverencias
(ya los verás más tarde). Que espere
el Senado también. Conoce de inmediato
las graves noticias que escribe Artemidoro.

EL DIOS ABANDONA A ANTONIO

Cuando de pronto se oiga a medianoche
a un invisible cortejo pasar
con músicas fantásticas, con voces—
tu suerte que declina, tus hazañas
que no fueron cumplidas, tus proyectos
que fueron todo errores, no los llores para nada.
Como dispuesto de hace tiempo ya, valiente,
dile por fin adiós a Alejandría que se marcha,
y sobre todo no te engañes y no vayas
a decir que fue un sueño, que se confundió tu oído.
No confíes en tales esperanzas vanas.
Como dispuesto de hace tiempo ya, valiente,
como te cuadra a ti, que tal ciudad mereciste,
quédate inmóvil junto a la ventana
y escucha conmovido, pero no
medroso y suplicante como los cobardes,
como un placer postrero los sonidos,
los raros instumentos del cortejo sagrado
y di por fin adiós a Alejandría que se marcha.

FATALIDAD

En medio del recelo y las sospechas,
los ojos atemorizados y revuelto el juicio,
nos deshacemos planeando cómo hay que actuar
para evitar este peligro
seguro que amenaza tan espantosamente.
Mas nos equivocamos. Aquel no está en la calle,
han sido falsos mensajes
(o no los escuchamos bien, o no los comprendimos).
Otra catástrofe, que no podíamos pensar,
de golpe, repentina, cae sobre nosotros,
y descuidados —¿qué hacer ya?— nos arrebata.

JÓNICO

Porque hayamos quebrado sus estatuas
o porque de sus templos los echáramos,
no por ello los dioses están muertos.
Oh, tierra Jonia, a ti te aman todavía,
sus almas te recuerdan todavía.
Cuando amanece sobre ti la mañana de agosto
tu atmósfera recorre la energía de sus vidas,
y a veces una etérea forma juvenil,
fugaz e indefinida,
vuelve a pasar por sobre tus colinas.

ÍTACA

Al emprender el viaje para Ítaca
desea que el camino sea largo,
lleno de peripecias, lleno de saberes.
A Lestrigones y Cíclopes,
a Poseidón airado no los temas,
que a tales no hallarás en tu camino
si es tu pensar excelso, si selecta
es la emoción que toca tu espíritu y tu cuerpo.
A Lestrigones y Cíclopes,
a Poseidón violento no habrás de encontrarte
si no es que ya los llevas en tu alma,
si tu alma no los alza frente a ti.

Desea que el camino sea largo.
Que sean muchas las mañanas de verano
en las que con qué regocijo, con qué gozo,
llegues a puertos vivos por primera vez.
Detente en los comercios de Fenicia
y compra su preciadas mercancías,

corales y nácar, ámbar y ébano.
y aromas exquisitos de mil clases,
cuantos aromas exquisitos puedas conseguir.
Visita muchas ciudades de Egipto,
y aprende y aprende de todos los que saben.

Pero en la mente siempre ten a Ítaca,
porque llegar allí es tu objetivo.
Mas no apresures en nada tu viaje.
Mejor que dure muchos, muchos años,
y eches el ancla viejo ya en la isla,
rico de cuanto ganaste en el mundo,
sin esperar que las riquezas te las traiga Ítaca.

Que Ítaca te ha dado el viaje hermoso.
Sin ella no emprendieras el camino.
Pero no tiene ya nada que darte.

Y si la encuentras mísera, no te ha engañado Ítaca.
Tan sabio que te has hecho, con tanta experiencia,
habrás ya comprendido las Ítacas qué son.

HERODES ÁTICO

Oh, qué glorioso honor le cabe a Herodes Ático.

Uno de nuestros grandes sofistas, Alejandro de Seleucia,
llegado al fin a Atenas para hablar,
encuentra la ciudad vacía, porque Herodes
en la provincia estaba. Y los jóvenes
todos le habían seguido allí para escucharlo.
El sofista Alejandro, así pues,
redacta para Herodes una carta
y le suplica que le envíe a los helenos.
El delicado Herodes al punto responde
«Vengo junto a los griegos yo también».

Cuántos muchachos ya en Alejandría,
en Antioquía o en Berito
(los oradores del mañana que prepara el helenismo),
reunidos en espléndidos banquetes
donde se charla a veces de sofística elegante
y otras de sus eróticas delicias,

se callan abstraídos de repente.
Dejan cerca los vasos sin tocar,
reflexionando en la suerte de Herodes –
¿qué otro sofista tuvo tal prebenda? –
a donde quiera y haga lo que haga,
que le sigan los griegos (¡sí, los griegos!),
sin discusión y sin razonamiento,
y hasta sin elección, tan solo que le sigan.

VUELVE

Vuelve a menudo y llévame contigo,
dilecta sensación, regresa y llévame contigo—
cuando el recuerdo del cuerpo despierta
y el antiguo deseo retorna a la sangre,
cuando los labios y la piel recuerdan
y sienten las manos que vuelven a tocar.

Vuelve a menudo y llévame, de noche,
cuando los labios y la piel recuerdan…

EN LO POSIBLE

Y si no puedes disponer tu vida como quieres
esto procura al menos conseguir
en lo posible: no vayas a ensuciarla
al frecuente contacto con el mundo,
con charlas y negocios por doquiera.

No vayas a ensuciarla trasladándola,
rondando sin cesar y exponiéndola
a la vulgar locura cotidiana
de tanta relación y compañía
hasta que se convierta en una extraña intrusa.

MUY RARA VEZ

Es un anciano, por completo exhausto y encorvado,
que, desgastado por los años y por los excesos,
va recorriendo a paso lento la calleja.
Pero al entrar en casa a ocultar
su decadencia y su vejez, medita
la parte de la juventud que aún le cabe.

Sus versos andan ahora en boca de los mozos,
y sus visiones en los ojos juveniles.
Sus mentes, saludables, placenteras,
sus cuerpos hermosísimos, robustos,
conmuévense a través de su expresión de la belleza.

FUI

No me contuve. Por completo me dejé y fui.
A los placeres que, medio reales,
que a medio hacer, rondaban por mi mente,
fui a través de la noche iluminada.
Y bebí vinos fuertes, como aquellos
que beben los valientes del placer.

DE LA TIENDA

Lo envolvió de manera cuidadosa
en una seda verde y preciosa.

Lirios de perlas, violetas de amatista,
y rosas de rubí, según parecen a su vista,

según su voluntad las quiere ver; no como en la
naturaleza los experimentó. Los dejará

en su caja, muestra de su osada labor
y habilidad. Cuando en la tienda entra un comprador

saca de sus estuches otros —joyas deslumbrantes—:
sortijas, brazaletes y collares de brillantes.

LEJOS

Quisiera pronunciar este recuerdo.
Mas tan desdibujado está… ya casi nada queda–
porque allá lejos, en mis años juveniles yace.

Piel como amasada de jazmín…
Aquel agosto –¿agosto era entonces?– por la noche…
Recuerdo apenas ya los ojos; eran, creo, azules…
¡Azules, sí! De un azul como zafiro.

TEÓDOTO

Si estás entre los de verdad elegidos
mira bien cómo vas a conquistar tu territorio.
Por mucho que te reverencien, y por mucho
que tus gestas de Italia y de Tesalia
las anden proclamando las ciudades,
y por muchos sufragios honorarios
que en Roma voten tus admiradores,
no han de durar tus gozos y tus triunfos,
ni has de sentirte un hombre superior –¿qué superior?–,
cuando en Alejandría a ti Teódoto te traiga
encima de una bandeja ensangrentada
del mísero Pompeyo la cabeza.

Y no te tranquilice tanto que en tu vida
tan limitada, organizada y tan prosaica,
no quepan tales espectáculos terribles.
Tal vez en este instante, en el hogar tranquilo
de algún vecino tuyo ya esté entrando
Teódoto –invisible, inmaterial–
trayendo una cabeza igual de horrible.

MAR DE LA MAÑANA

Quédeme aquí a admirar un poco la naturaleza.
Del mar de la mañana y de este cielo claro,
resplandeciente azul y orillas rubias.
Todo bañado en luz, hermoso y amplio.

Quédeme aquí, creyendo que lo veo
(y de verdad lo vi un instante en cuando me detuve);
y no, también aquí, mis fantasías,
mis remembranzas y visiones de placer.

JURA

Y jura muchas veces   seguir una vida mejor.
Mas cuando cae la noche   con sus incitaciones y
con sus condescendencias   y sus propias promesas;
mas cuando cae la noche   con su poder y el ímpetu
del cuerpo que desea tanto,   va de nuevo
perdido en busca del placer fatal.

1913

UNA NOCHE

Era la habitación inmunda y pobre,
oculta sobre la taberna sospechosa.
Por la ventana se veía la calleja
estrecha y descuidada. Desde abajo
llegaba allí la voz de los obreros
que holgándose jugaban a las cartas.

Y allí, en aquella cama humilde y pobre,
el cuerpo del amor, los rojos labios
voluptuosos poseí de la ebriedad—
rojos de una ebriedad tal, que aún ahora
al escribir (después de tantos años),
en mi hogar solitario vuelven a embriagarme.

LA BATALLA DE MAGNESIA

Perdido el ímpetu de antaño y el valor,
será ahora su preocupación mayor

su cuerpo exhausto ya, casi enfermizo. El resto
de su vivir será tranquilo. Al menos esto

Filipo afirma; deseando diversión
juega a los dados esta noche; un montón

poned de rosas en la mesa. ¿Y qué, si se ha perdido
Antíoco en Magnesia? Se comenta que ha caído

sobre el brillante ejército una gran calamidad.
Mas puede que exageren. No ha de ser todo verdad.

Ojalá. Porque, aunque enemigo, están del mismo lado.
Pero es bastante un «ojalá». Incluso demasiado.

Filipo, claro, no ha de retrasar la fiesta ahora.
Por mucho que su vida hubiera sido agotadora,

algo bueno le ha quedado: la memoria en su cabeza.
Recuerda cuánto llanto en Siria derramaron, qué tristeza

les embargó cuando la madre Macedonia fue rendida.
Que empiece ya el banquete. Esclavos: flautas, teas
[encendidas.

MANUEL COMNENO

Nuestro señor el rey Manuel Comneno
un día melancólico de aquel mes de septiembre
sintió la cercanía de la muerte. Los astrólogos
(profesionales) de la corte declaraban
que aún había de vivir por muchos años.
Pero mientras hablaban ellos, él
viejos usos piadosos rememora,
y de las celdas de los monjes manda
que traigan vestiduras eclesiásticas,
y se las pone, ufano de mostrar
digno aspecto de monje o sacerdote.

Oh, bienaventurados los que creen
y, cual nuestro señor el rey Manuel, terminan
vestidos dignamente de su fe.

EN LA CALLE

Su rostro atractivo, un poco pálido,
y sus ojos castaños, como fatigados;
cumpió los veinticinco, pero de veinte años parece;
con algo artístico en su modo de vestir
—algún color en la corbata, o ese cuello almidonado—
sin rumbo va vagando por la calle,
como si fuera hipnotizado por ilícito placer,
por ese tan ilícito placer que ha disfrutado.

CUANDO DESPIERTEN

Intenta conservarlas, oh poeta,
por muy pocas que sean las que se demoran.
Esas visiones tuyas de erotismo.
Ponlas, disimuladas, en tus frases.
Intenta retenerlas, oh poeta,
cuando despierten en tu pensamiento
de noche o en el resplandor del mediodía.

EN UNA CIUDAD DE OSROENE

De la pelea en la taberna herido nos trajeron
ayer a nuestro amigo Remon a la medianoche.
Por las ventanas que dejamos en par en par abiertas
su hermoso cuerpo en el colchón la luna iluminaba.
Somos un Babel aquí. Armenios, griegos, sirios, medos.
Remon es también así. Pero al iluminar
la luna ayer su rostro deseable
pensamos todos en el Cármides platónico.

AL ATARDECER

No iban, en cualquier caso, a durar mucho. La experencia
de la edad lo muestra. Y aun así, con cierta violencia
llegó a ponerles fin el Destino.
Efímera pasó la vida hermosa.
Pero embriagaban los perfumes fuertes,
en qué soberbios lechos nos echamos,
a qué placer los cuerpos entregamos.

Un reflejo de aquellos días de placer,
un reflejo de aquellos días me llegó,
algo del fuego de nuestra juventud:
volví a tomar en mis manos una carta
y la leí mil veces hasta que se fue la luz.

Y me asomé, melancólico, al balcón—
salí por distraer mis pensamientos
mirando al menos la ciudad de mi corazón,
al menos por las calles y las tiendas movimiento.

TUMBA DE IGNACIO

No soy aquel Cleón tan renombrado
de Alejandría (donde con dificultad te alaban)
por mis lujosas casas y jardines,
por mis corceles y mis carruajes,
por los diamantes y las sedas que vestía.
Márchate. Yo no soy aquel Cleón.
Malógrense sus veintiocho años.
Ignacio soy, el diácono, que demasiado tarde
me convertí. Pero aun así viví feliz diez meses
en la serenidad y paz de espíritu de Cristo.

TANTO HE CONTEMPLADO

He contemplado tanto la belleza
que mi visión está llena de ella.

Líneas del cuerpo. Labios rojos. Miembros del placer.
Cabellos como en las estatuas griegas modelados;
hermosos siempre, así, sin cepillar,
cayendo un poco por las blancas frentes.
Rostros del amor, tal como los quería
mi poesía… en esas noches de mi juventud,
en esas noches mías, en secreto, hallados…

DÍAS DE 1903

No los volví a encontrar —tan rápido perdidos…
los ojos poéticos, la pálida
cara… cuando en la calle anochecía…

No lo volví a encontrar —lo que por suerte obtuve
y que tan fácilmente abandoné,
y que después desesperado quise.
Los ojos poéticos, la cara pálida,
aquellos labios no los volvía a ver.

PLACER

Aroma y gracia de mi vida el recordar las horas
en las que descubrí y gocé el placer como lo quise.
Aroma y gracia de mi vida a mí, que aborrecí
cada disfrute de amores de rutina.

CESARIÓN

En parte para precisar una cronología,
en parte por entretener el ocio,
cogí una colección de epigrafía
sobre los Ptolomeos y empecé anoche a leer.
Los múltiples elogios y alabanzas
son siempre igual. Son todos poderosos,
brillantes, liberales y gloriosos
y cada empresa es siempre la más sabia.
Y en cuanto a las mujeres de aquella generación,
Cleopatras, Berenices todas, admirables son.

Cuando logré por fin aquella fecha precisar,
habría dejado el libro, de no ser por una nota
minúscula y trivial sobre el rey Cesarión
que de inmediato mi atención atrajo…

Ah, sí, llegaste tú con tu atractivo
indefinible. Pocas líneas hay
escritas en la Historia sobre ti,

y así más libremente te formó mi fantasía.
Te imaginé sensible y muy hermoso.
Mi arte le concede a tus facciones
una belleza cándida de ensueño.
Y yo te imaginé con tal detalle
que cuando, tarde ya, y al apagarse
mi lámpara —a propósito dejé que se apagara—
creí que entrabas en mi habitación,
me pareció que estabas ante mí, como si estuvieras
en esa Alejandría conquistada,
cansado y pálido, ideal en tu tristeza,
con la esperanza aún de que de ti se apiaden
los falsos que murmuran «… demasiados Césares».

EN EL PUERTO

Joven, veintiocho años, en tinia embarcación
a este puerto sirio Emis llegó, con intención
de ser vendedor de perfumes.
Pero enfermó durante el viaje, para fallecer
cuando desembarcó. Y tuvo aquí lugar
su entierro. Algo de «ancianos padres» y de «hogar»
había susurrado en sus momentos de agonía.
Pero la identidad de aquellos nadie conocía,
ni cuál, en todo el mundo helénico, era su patria.
Mejor. Pues de este modo, mientras muerto
yace su cuerpo en este puerto,
sus padres seguirán siempre a su espera.

RECUERDA, CUERPO...

Recuerda, cuerpo, no tan solo cuánto te han amado
no solamente las camas en las que te acostaste,
sino también tantos deseos que por ti
hacían destellar tanto los ojos,
y que temblaban en la voz —y algún
obstáculo casual los anuló.
Ahora que todo ya al pasado pertenece,
parece como si a aquellos deseos
te hubieras entregado —qué destellos,
recuerda, en los ojos que te miraban;
cómo temblaban en la voz, por ti, recuerda, cuerpo.

CONCIENCIA

Los años de mi juventud, mi vida placentera—
qué claro veo ahora su sentido.

Qué de arrepentimientos hueros, vanos…

Mas no veía su sentido entonces.

En el marasmo de mi vida juvenil
la voluntad de mi poesía se formaba,
se demarcaba el territorio de mi arte.

Por eso el arrepentimiento nunca fue muy firme.
Y toda decisión de contenerme, de cambiar,
duraba, como mucho, dos semanas.

DESDE LAS NUEVE

Las doce y media ya. Qué rápido ha pasado el tiempo
desde las nueve, en que encendí la lámpara
y me senté aquí. Sentado sin leer
y sin hablar. Con quién podría hablar,
completamente solo en esta casa.

La imagen de mi cuerpo adolescente,
desde las nueve, en que encendí la lámpara,
vino y me encontró aquí, y me recordó
cuartos cerrados llenos de perfumes
y el antiguo placer —¡qué atrevido placer!
Y me puso, además, ante los ojos
calles que ahora son irreconocibles,
centros llenos de vida ya cerrados,
y cafés y teatros que existieron una vez.

La imagen de mi cuerpo adolescente
vino para traerme también penas:
el duelo familiar, separaciones,

los sentimientos de los míos, sentimientos
poco estimados de los que ya han muerto.

Las doce y media. Cómo ha pasado el tiempo.
Las doce y media. Cómo han pasado los años.

ARISTÓBULO

Llora el palacio entero, llora el rey,
inconsolable está en su triste luto el rey Herodes,
y la ciudad entera está llorando a Aristóbulo,
que por injusto accidente se ahogó
jugando con sus compañeros en el agua.

Y cuando lo sepan en los demás lugares,
cuando hasta Siria llegue la noticia,
lo habrán de lamentar también muchos helenos:
guardarán luto los poetas y escultores,
porque les ha llegado la fama de Aristóbulo,
¿y qué imaginación de adolescente suya
llegó jamás a una hermosura cual la de este niño?,
¿y qué estatua de dios jamás logró hacer Antioquía
semejante a este niño de Israel?

Llora con gran dolor la Gran Princesa,
su madre, la judía más notable,
llora y lamenta Alejandra la desgracia.

Pero al hallarse sola, su dolor cambia de forma.
Grita, enloquece, insulta maldiciendo.
¡Cómo la han engañado! ¡Qué traición!
¡Cómo, al fin, se salieron con la suya!
Arruinaron la casa de los Asamaneos.
¡Cómo el malvado rey logró su fin,
el falso, el embustero, el miserable!
¡Cómo lo consiguió! ¿Qué plan secreto,
que ni siquiera Mariammi se dio cuenta?
Si Mariammi hubiera sospechado algo,
habría hallado salvación para su hermano.
Reina es al fin, algo podría hacer.
¡Cómo lo habrán de celebrar, a ocultas, satisfechas,
aquellas pérfidas Cipro y Salomé,
las indecentes Cipro y Salomé!
¡Y que ella sea tan débil, obligada
a simular que cree sus engaños,
y que no pueda dirigirse al pueblo,
salir a proclamar a los hebreos,
decir, decirles cómo fue tramado el crimen!

EMILIANO MONAI, ALEJANDRINO
(628-655 D. C.)

Con las palabras, la apariencia y los modos
me haré una espléndida armadura;
me enfrentaré así con los malvados todos
sin ser presa del miedo o la blandura.

Querrán hacerme daño. Pero no sabrán
los que hasta mí se acerquen dónde
ni mis heridas ni mis puntos débiles están
bajo las mentiras que los esconden.

Son de Emiliano Monai palabras jactanciosas.
¿Haría jamás esta armadura contra el daño?
En cualquier caso, no la usó por mucho tiempo.
Murió en Sicilia a los veintisiete años.

DE LOS HEBREOS (50 D.C.)

Pintor, poeta, corredor y lanzador de disco,
bello como Endimión, Jante de Antonio.
De una familia amiga de la Sinagoga.

«Mis días más gloriosos son aquellos
en que renuncio a perseguir lo hermoso,
en que abandono el helenismo bello y duro,
con la dedicación irreprimible
a cuerpos blancos, bien formados, corrompibles,
y me convierto en el que bien querría
ser siempre: de los hebreos, de los sacros hebreos, el hijo.»

Cálida, sí, su afirmación. «Ser siempre
de los hebreos, de los sacros hebreos…»

Pero no se mostraba siempre el mismo.
El Hedonismo, el Arte alejandrino
por devoto hijo suyo lo tenían.

JÓVENES DE SIDÓN (400 D.C.)

Aquel actor que vino para entretenerlos
recitó incluso algunos selectos epigramas.

La sala se abría sobre el jardín:
y había un aroma de flores delicado
mezclándose con las fragancias
de aquellos cinco jóvenes sidonios perfumados.

Se dio lectura a Meleagro, a Crinágoras y a Riano,
pero cuando les recitó el actor,
«El ateniense Esquilo de Euforión guárdase en esta»
(tal vez enfatizando más de lo debido
los «gallarda valentía» y «bosque de Maratón»),
saltó de pronto un joven muy vivaz,
amante de las letras, y gritó:

«Ah, no me gustan esos cuatro versos.
Las expresiones de ese tipo son como un renuncio.
Dale a tu obra —yo proclamo— todo tu vigor,

todo cuidado, y ten de nuevo presente tu obra
en la dificultad, y cuando vence ya tu tiempo.
Esto es lo que te exijo y de ti espero.
Y que de tu cabeza no se vaya
la lengua espléndida de la Tragedia,
qué Agamenón, y qué admirable Prometeo,
qué figuras de Orestes y Casandra,
qué Siete contra Tebas —¡y que en tu memoria
pongas solo que en medio de la turba del ejército
tú también combatiste contra Datis y Artafernes!».

EL FAVOR DE ALEJANDRO BALA

No me irrita si se ha roto una rueda de mi carro
o si la ridícula victoria no fue mía.
La noche pasará entre bellas rosas y entre jarros
de vinos sin igual. Me pertenece Antioquía.
Yo soy el joven de mayor reputación.
Bala me tiene gran apego y devoción.
Dirán mañana, ya verás, que no fue justa la competición.
(Y si fuera un grosero, y en secreto lo hubiera ordenado,
el premio otorgarían –lisonjeros– a mi carro estropeado.)

SU COMIENZO

Su ilícito placer fue consumado.
Se levantaron del colchón y se vistieron
apresuradamente y sin hablar.
Salen por separado y a hurtadillas de la casa,
y mientras andan algo inquietos por la calle,
parece que sospechan que algo en ellos delata
en qué clase de lecho acaban de caer.

Pero cuánto ganó la vida del artista.
Se escribirán mañana, o pasado, o con los años,
los vigorosos versos que aquí tuvieron su comienzo.

MELANCOLÍA DE JASÓN, HIJO DE CLEANDRO, POETA EN KOMAGENE (595 D. C.)

El envejecimiento de mi cuerpo y mi apariencia
herida es de un puñal abominable.
No puedo mantener ya la firmeza.
A ti recurro, Arte de la Poesía,
que sabes, de algún modo, de remedios;
intentos de letargo del dolor, con Palabra y Fantasía.

Herida es de un puñal abominable.
Trae tus remedios, Arte de la Poesía,
que hacen que la herida —un instante— no se sienta.

TEATRO DE SIDÓN (400 D. C)

De un ciudadano honrado   hijo — ante todo hermoso,
muchacho del teatro,   con múltiples encantos,
en ciertas ocasiones   compongo en lengua griega
versos bastante osados   que hago circular
secretamente, claro —   ¡dioses! que no los vean
quienes visten de oscuro   y de moral predican —
son versos del placer   selecto, encaminado
hacia el amor estéril   y siempre rechazado.

EN LA DESESPERACIÓN

Lo perdió por completo.   Y ahora va buscando
hallar entre los labios   de cada nuevo amante
aquellos labios suyos: buscando va en la unión
con cada nuevo amante   engañarse pensando
que es el mismo joven,   que ahora se le entrega.

Lo perdió por completo,   cual si nunca existiera.
Porque quería —dijo—   quería redimirse
del estigmatizado,   enfermizo placer,
del estigmatizado,   placer avergonzante.
Aún estaba a tiempo   —decía— de salvarse.

Lo perdió por completo,   cual si nunca existiera.
Con la imaginación,   las alucinaciones,
en labios de otros jóvenes   sus labios va buscando:
y así va procurando   sentir su amor de nuevo.

ANTES DE QUE LOS CAMBIE EL TIEMPO

Se entristecieron mucho   en su separación.
No lo querían ellos: eran las circunstancias.
La estrechez de su vida   a uno lo obligó
a trasladarse lejos—   Nueva York o Canadá.
Su amor, está bien claro,   ya no era como antes:
que la atracción había   menguado poco a poco,
que la atracción había   menguado enormemente.
Aun así, separarse   no lo querían ellos.
Eran las circunstancias.   O tal vez como artista
se presentó el Azar   al separarlos ahora,
antes de que se enfríen,   de que los cambie el Tiempo:
el uno para el otro   será cual si por siempre
aún fuera el bello chico   de veinticuatro años.

SACERDOTE DEL SERAPIO

Al bueno de mi anciano padre lloro,
el que siemrpe me tuvo igual amor;
al bueno de mi anciano padre estoy llorando,
que falleció anteayer, un poco antes del alba.

Guardar, oh Jesucristo, a los preceptos
de tu Iglesia Santísima obediencia
en todas mis acciones, todas mis palabras,
en cada pensamiento, es mi propósito
de cada día. Y a los que te niegan
yo los rechazo. Pero ahora estoy llorando
desconsolado, Cristo, por mi padre,
por más que hubiera sido —y es horrible
decirlo—, en el Serapio infame, sacerdote.

DÍAS DE 1901

Esto era lo que destacaba más en él,
que dentro de su falta de moral
y con su amplia experiencia del amor,
y aun a pesar de la armonía natural
que había entre su edad y su actitud,
había instantes —aunque por supuesto
escasos— en que daba la impresión
de que su carne estaba casi intacta.

La lozanía de sus veintinueve años,
tan puesta a prueba ya por el placer,
había instantes en que recordaba
de un modo extraño a un joven que —algo torpe—
daba su cuerpo casto al amor por vez primera.

EN EL MISMO SITIO

Ambiente del hogar, de locales, del barrio
que veo y que transito; durante tantos años.

En la alegría y en las penas te he creado
con tantas situaciones, tantas cosas.

Y el sentimiento te embargó, entero, para mí.

DÍAS DE 1908

Aquel año se hallaba sin trabajo,
y así de las cartas se sustentaba,
del *tavli*, o de lo que le prestaban.

Le habían ofrecido un puesto en una
papelería por tres libras mensuales.
Pero lo rechazó sin duda alguna.
No era posible, era un sueldo muy tacaño
para un joven letrado y de veinticinco años.

Ganaba al día a duras penas dos o tres chelines.
De las cartas y el *tavli* qué iba el chico a conseguir,
en los cafés de su extracción, populares,
por mucho que jugara bien, por mucho que eligiera
                                        [tontos.
Los préstamos no daban para mucho.
Táliro rara vez le daban, más a menudo, medio,
alguna vez bajaba hasta el chelín.

A veces más, pero a menudo una semana,
cuando escapaba del terrible trasnochar,
se refrescaba yéndose a nadar por la mañana.

Tenía su atuendo un aspecto lamentable,
y con el mismo traje siempre iba vestido,
un traje de color canela, desvaído.

Oh días del verano de mil novecientos ocho,
de vuestra imagen, por buen gusto, ha desaparecido
el traje de color canela desvaído.

Lo tiene conservado vuestra imagen
cuando se desvestía y de su cuerpo arrancaba
la ropa indigna y las mudas remendadas
y quedaba desnudo, extremamente bello, un milagro.
Con el pelo revuelto y sin peinar,
el cuerpo algo quemado por el sol,
por el desnudo matinal del baño y de la playa.